I0150247

PRINCIPES

POUR LES ÉLECTIONS DE 1817,

ET

EXAMEN

DE DEUX ÉCRITS SUR CE SUJET,

PAR A. THIERRY.

(Morceau inséré dans le deuxième volume du Censeur Européen.)

A PARIS,

DE L'IMPRIMERIE DE RENAUDIERE,

RUE DES PROUVAIRES, N°. 16.

1817.

PRINCIPES

POUR LES ÉLECTIONS DE 1817,

ET

EXAMEN

DE DEUX ÉCRITS SUR CE SUJET.

~~~~~~~~~~~~~~~~

CE qui importe le plus à chacun de nous , ce qui renferme tous nos moyens d'existence et de bien-être , la richesse de la France , se trouve aujourd'hui dans un état qui doit éveiller l'attention de tout homme qui met du prix à sa vie et à ses jouissances.

Deux invasions dans l'espace de deux ans , les travaux troublés , les campagnes ravagées , une foule d'établissemens d'industrie fondés sur des prohibitions ou des monopoles tombant les uns après les autres (1) , le pillage et les ban-

_____

(1) Un des plus grands maux du système prohibitif, c'est qu'il s'enracine dans l'industrie de façon que tout s'arrange d'après lui , et que le moindre échec qu'il reçoit

1 *

queroutes marchant de front , avaient attaqué
déjà nos capitaux de toute espèce , lorsque la
mauvaise saison est venue appauvrir nos revenus , en frappant la terre d'une stérilité im-
prévue.

Et encore, le mince produit qui nous est laissé
après tant de pertes , il nous faut le partager ,
d'un côté, avec les gouvernemens étrangers , de
l'autre avec notre gouvernement.

---

devient une cause de bouleversement dans les fortunes.
L'administration perd plus à ces secousses , qu'elle ne
gagne aux taxes que la prohibition lui permet d'asseoir ,
et qu'elle obtiendrait d'une autre manière. C'est un fait
qui frapperait ceux qui gouvernent , si les faits étaient
quelque chose pour eux ; mais la coutume les emporte ,
ils suivent leur routine.

Lorsque les armées alliées eurent rompu la ligne des
douanes françaises , lorsque les produits étrangers , répandus en France avec profusion , eurent fait tomber toutes
les manufactures qui ne pouvaient soutenir la concurrence,
le mal des mesures prohibitives était évident, et l'occasion
était belle pour l'éviter à l'avenir en les abolissant. Au
lieu de cela on les a remises en vigueur , avec la plus
grande exactitude , pour le bien de ceux qui avaient souf-
fert de leur violation ; c'est-à-dire que, loin de détourner
ces malheureux d'une direction d'industrie où le premier
accident politique peut leur faire trouver leur ruine , et
où d'eux-mêmes ils ne se fussent point engagés de rechef,
on les y a précipités.

Le reste doit suffire à notre subsistance , et nous sommes vingt-cinq millions. Pour que la nécessité de vivre ne fasse pas entamer les capitaux , il faut absolument que le travail redouble ; et pour parler le langage de l'économie politique, qu'il contraigne les agens de la production à donner le plus qu'ils peuvent. Or ce travail, qui doit le faire ? Ce n'est pas le gouvernement , c'est nous ; le gouvernement n'a point de moyens pour produire ; il n'en a que pour consommer ; nous seuls avons l'industrie , le gouvernement n'a que des besoins.

Ces besoins qui sont des besoins d'action, c'est à l'industrie d'y pourvoir ; et il est rare que les besoins du gouvernement soient satisfaits, que son action s'exerce, sans que l'industrie en souffre en quelque chose ; de manière que celui qui produit paie, afin qu'en retour il soit gêné dans le travail de la production. L'administration demande , pour exister et pour agir , des ministères, une armée , une police , une gendarmerie, des tribunaux extraordinaires ; on lui accorde tout cela, c'est-à-dire qu'on retranche de ses revenus les *millions* qui le représentent. Qu'arrive-t-il après ? Les gendarmes sont sur les routes : on ne voyage pas librement, il faut des formalités, des retards, et les affaires n'en veulent point ;

les affaires manquent. Vos spéculations ont of-
fensé quelque réglement inconnu ; la police va
descendre chez vous , le scellé sera mis partout ,
le travail sera suspendu , les portes seront fer-
mées , vos pratiques viendront , seront pressées
et iront ailleurs. Vos correspondans sont sus-
pects , le prévôt veut vous interroger : vous irez ,
vous retournerez , vous perdrez des heures , des
jours , des mois , le temps n'est rien pour lui.
C'est ainsi que la gêne vient de toutes parts ; et
si on lui échappe , on n'échappe pas à la crainte
qui dérange aussi les travaux. On rallentit ses
démarches , on se répand moins , on écrit moins ,
on devient nonchalant : l'intérêt du gain cède à
l'intérêt du repos ; ce colosse d'administration
que l'on trouve à chaque pas devant soi , attire
sans cesse la vue ; on se le grossit encore ; on
s'exagère les obstacles par le desir de ne les point
rencontrer ; l'esprit tendu vers ce point est moins
propre à tout le reste ; l'invention languit , les
bras tombent , la production s'arrête.

Mais le besoin ne s'émousse pas avec l'activité ;
il faut vivre chaque jour. Le gouvernement qui
n'a que de longues vues , passe sur ce détail de
temps ; s'il nous regarde , c'est dans l'avenir ; et
si l'avenir lui paraît beau , il s'y complait et n'a-
perçoit plus le présent. L'avenir est tout pour les

corporations qui ne meurent point ; mais le présent est tout pour les individus qui meurent ; et nous sommes des individus, quoique nous soyons aussi dans un sens une corporation. Si, considérés comme un corps, nous avons des intérêts de corps, et s'il est bon qu'on s'en occupe, considérés comme individus, nous avons des intérêts individuels qui ne doivent point non plus être négligés.

Il faut que le gouvernement, pour ne pas se laisser emporter dans son activité pour notre bien-être futur, trouve des barrières dans la nécessité sans cesse présentée de notre bien-être du moment. Il faut, en d'autres termes, que ceux qui produisent soient organisés pour résister à l'action de ceux qui administrent.

Cette résistance est, dans une société organisée, la première, et presque la seule fonction de l'assemblée des communes, ou des représentans, ou des députés, comme on voudra la nommer ; c'est le conseil des avocats de la production et de l'intérêt individuel. Tel doit être l'esprit de ceux qui y siégent ; et pour que cela ne puisse jamais manquer d'être, il ne doit y siéger que des hommes industrieux, c'est-à-dire agriculteurs, manufacturiers, commerçans.

Voilà le principe qui doit servir de règle dans

les élections prochaines. Nous faire représenter
par des *industrieux*, est une nécessité pour nous,
aujourd'hui que notre premier intérêt est dans
l'activité de l'industrie. Il faudrait se conformer
à cette maxime, quand bien même elle ne serait salutaire que dans la conjoncture présente.
Mais ce n'est pas ici une loi de circonstance ; où
il y a une représentation nationale, quelque soit
le temps ou le lieu, ce sont les producteurs qui
sont les représentans naturels ; quiconque n'a pas
une industrie productive est inhabile à représenter.

. Dans toute société humaine il y a deux grands
intérêts, et il n'y en a que deux : la production
et la sûreté. Ces deux intérêts, par une bizar-
rerie remarquable, sont, dans un sens, ennemis
l'un de l'autre ; car si le producteur veut pourvoir lui-même à sa sûreté, il faut qu'il suspende
souvent son travail ; et s'il veut que d'autres y
pourvoient, il faut qu'il les paie pour cela. Et
du moment qu'il y a deux classes distinctes dont
l'une produit, et nourrit l'autre, qui, en retour,
la protége, une guerre nécessaire s'engage entre
ces deux espèces d'hommes.

.Les producteurs veulent être libres ; les protecteurs veulent être puissans ; la protection ne
s'exerce qu'au moyen de gênes et de restrictions

sans nombre ; plus chacun est comprimé, moins
les autres ont à craindre de lui, plus il y a de
sûreté pour tous. Aussi, les protecteurs, les
gouvernans, comme on les appelle, pour produire la sécurité collective, empiètent de toutes
manières sur les facultés des individus ; ils veulent que chacun leur aliéné la plus grande part
de son pouvoir d'agir, pour lui retirer la plus
grande part de son pouvoir de nuire ; ils iraient
jusqu'à tout exiger, jusqu'à étouffer toute action, toute faculté, toute industrie, et cela au
nom de la sûreté publique pour laquelle ils travaillent et dont ils représentent l'intérêt, si l'intérêt contraire, celui de l'indépendance privée,
n'était aussi représenté, s'il n'y avait pas aussi
des hommes qui travaillassent pour lui.

Cette nécessité existerait dans le cas où les gouvernans n'auraient en effet d'autre intérêt que
l'intérêt de la sûreté publique ; leur intérêt alors
serait toujours en opposition avec la liberté, et
par suite avec l'existence individuelle ; mais c'est
bien autre chose, lorsque le plaisir de l'autorité
vient s'y joindre, et le besoin d'accroître le pouvoir pour en tirer plus d'avantages.

Le gouvernement est organisé pour que son
action s'exerce toujours avec le plus de force et
de promptitude. Ses agens se répondent d'une

extrémité du pays à l'autre : un mot dit à Paris, est redit en deux heures dans trente villes : la poste, les courriers, les télégraphes, sont à lui ; tout vole, les ordres, l'argent, les hommes. Pendant dix heures chaque jour, des millions de commis dictent, écrivent, commandent, exécutent. Les lois, les édits, les réglemens, les avis, les arrêts, les sentences sortent en foule et causent en cent endroits des déplacemens, des arrestations, des emprisonnemens ; suspendent les travaux, les font reprendre, ferment et ouvrent les débouchés, renversent et créent les fortunes. C'est un travail qui ne s'arrête point un instant, parce que ceux qui le font y mettent tout leur esprit, toutes leurs forces, tout leur temps.

Contre cette activité des représentans de l'intérêt collectif, comment les hommes laborieux, absorbés par des soins personnels, peuvent-ils soutenir leurs intérêts ? On travaille sur eux, et eux, ils travaillent sur les choses : peuvent-ils se charger d'une double fatigue, et tandis qu'ils agissent d'un côté, réagir de l'autre ? Tout est lié dans l'administration, et eux, ils sont isolés, ou bien ils sont associés pour des affaires de manufacture et de commerce ; peuvent-ils en même temps former une ligue perpétuelle pour

des objets de politique , pour repousser la sura-
bondance d'action de ceux qui gouvernent, res-
treindre les réglemens, éclaircir les besoins, arrêter les recrues , les exactions, les entreprises
extérieures ?

Impuissans pour ces deux occupations , incapables de se livrer entièrement à l'une , sans de-
venir moins propres à l'autre , il faut que par
nécessité ils délèguent à des tiers pris parmi eux
celle qui peut se déléguer, l'occupation politique. Ces hommes iront siéger près du centre de
l'administration ; là ils examineront toutes les
mesures à leur source ; ils feront corps contre
le corps des gouvernans ; ils ne laisseront exécuter aucun décret sans l'avoir discuté, amendé,
sanctionné. Voilà la vraie nature , l'origine nécessaire de la représentation nationale (1).

Il est impossible de s'imaginer dans un membre
du conseil des représentans autre chose qu'un
homme industrieux suspendant son travail d'industrie , et devant le reprendre après le temps
de sa mission ; autre chose qu'un homme dont

---

(1) Cela n'est point en opposition avec ce qui a été dit
dans le premier article de ce volume , sur le *gouverne-*
ment des producteurs; cela veut dire seulement que tout
producteur *gouvernant*, ne saurait être en même temps
représentant des producteurs.

l'intérêt le plus vif soit l'intérêt personnel , et qui , par cela même , soit capable de sentir avec délicatesse tout ce qui peut offenser les intérêts personnels ; qu'un homme qui , produisant lui-même sa subsistance , est à portée de dire sciemment à quel point ce qu'on fait sous le prétexte de protéger sa propriété , la blesse ; à quel point cette protection n'est plus nécessaire ; de quel côté menace véritablement le danger d'être troublé ou volé ; et si l'on n'invente pas des périls chimériques pour se faire accorder des droits et des armes.

Si nous voulons connaître exactement l'objet d'une institution , remontons à sa première origine ; alors le besoin qui l'a fait établir se montre clair , et n'est point obscurci par des explications et des théories faites après coup.

Du moment qu'il y eut en Europe une classe nombreuse d'hommes industrieux travaillant pour eux-mêmes et non pour des maîtres , il y eut des corps de représentans , et ce fut pour la première fois. Dans l'antiquité tous les hommes libres étaient hommes d'état ; dans la féodalité les tributaires étaient tous à la discrétion des seigneurs , et les seigneurs ne déléguaient à personne le soin de traiter de leurs affaires , ils s'assemblaient et en traitaient eux-mêmes de concert avec leur chef.

Le tiers-état naquit, et aussitôt il fut représenté; ses députés vinrent plaider pour les besoins de chaque homme *travaillant*, contre les
besoins des hommes *gouvernant*, de la noblesse
et du clergé. Les députés des communes, en
Angleterre, défendirent les mêmes intérêts devant le Roi et les Lords spirituels et temporels
assemblés en parlement.

Le Roi et les seigneurs d'un côté; les fabricans, les financiers, les négocians de l'autre,
débattaient ainsi leurs intérêts réciproques; ainsi,
il y avait discussion ouverte, entre l'intérêt du
repos de la société, que les *huissiers* et les *mo-
ralistes* du public se faisaient fort de procurer,
et l'intérêt de la vie que procuraient en réalité
les producteurs.

Ainsi le corps administrant, agissant lui-
même pour lui, et le corps représentatif de l'industrie, agissant pour les industrieux, étaient
séparés comme les intérêts divers que chacun
d'eux devait soutenir. Il serait en effet ridicule
de penser qu'un même homme puisse jouer à
la fois les deux rôles; partager son esprit entre
le desir d'être pacha ou préfet, et le desir d'é-
teindre l'arbitraire, entre l'intérêt d'un gros
traitement sur les taxes, et l'intérêt de réduire
les taxes. Les exclusions constitutionnelles, lors-

qu'elles existent, ne sont que la déclaration de
cette impossibilité.

Ces exclusions peuvent être plus ou moins
étendues par la loi, mais le principe est absolu ;
et quand la loi manquerait pour sanctionner la
raison, la raison n'en devrait pas moins être
obéie. D'ailleurs, nous sommes dans des circonstances où la nécessité parle haut ; tout est perdu,
s'il sort de nos élections des hommes qui capi-
tulent sur la liberté qui seule nourrit l'industrie,
et sur l'économie publique, qui seule assure les
fruits du travail à celui qui s'épuise au travail.

Nous devons nous défendre d'une fausse manière de voir que nous avons prise dans l'imitation mal entendue des coutumes de l'antiquité.
Parce que nous lisons qu'il y eut des hommes
qui, sous le nom de peuple souverain, allaient
tous ensemble décréter de gaîté de cœur des
arrêts qui les enchaînaient dans l'usage de leur
esprit et de leurs membres, n'allons pas croire
que notre lot, à nous, soit d'être un peuple demi-
souverain, secourant dans leurs opérations ceux
qui lui font des réglemens comme pour s'assurer
qu'il ne manquera pas de lois. Soyons tranquilles,
ceux là y pourvoiront ; ils sont toujours assez empressés de nous en donner. Notre affaire, l'emploi de ceux que nous déléguons, c'est d'arrêter

(15)

au contraire ce flux de réglemens dont chacun nous retranche un moyen d'agir, une faculté. Les lois étaient un bien pour les hommes de l'antiquité ; ils pouvaient les aimer comme les soldats aiment leur discipline qui les rend forts, si elle les gêne. Les anciens étaient tous soldats ; c'était la guerre qui les nourrissait. Pour nous qui sommes destinés à vivre de l'industrie, chacun de nous, pour produire beaucoup, a besoin d'être beaucoup à lui-même ; la discipline qui l'y arrache continuellement lui ôte de sa force. Il faut le dire, la loi, le frein des volontés individuelles est trop souvent un mal pour nous ; si ce mal est nécessaire supportons le, mais faisons en même temps qu'il soit le moindre possible.

Notre profession de foi politique devrait être celle-ci :

» Nous n'aimons pas les réglemens ni les voies » de fait ; parce que les uns et les autres troublent » nos travaux, et entravent nos facultés.

« Pourtant, comme dans l'absence de toute » contrainte sociale, nous serions faibles contre » les oisifs et les voleurs, quoique forts pour le » travail, nous sommes disposés à relâcher quel- » que chose de notre liberté, et nous en aliénons

» volontiers une partie à ceux qui prennent le
» soin de veiller sur nos ennemis.

» Nous ne voulons point participer à leurs
» opérations, qui toutes dans un sens nous sont
» à charge ; mais nous prétendons au pouvoir de
» retenir leur activité, si elle passait les bornes,
» si elle devenait moins utile à notre repos que
» nuisible à notre industrie.

» Ce pouvoir, nous en chargeons quelques-uns
» de nous qui l'exerceront en notre nom (1). Le
» corps gouvernant provoque ou fait les lois, et les
» exécute, nos délégués contrôleront les lois et
» les mesures. »

Avec de pareilles maximes, avec l'idée net-
tement conçue du véritable objet de la représentation, nous aurions déjà une règle pour nos
choix à faire, nous saurions que les hommes du
gouvernement sont par la force des choses *iné-
ligibles*, et nous n'irions chercher des députés
que parmi les hommes de profession privée,
c'est-à-dire, étrangers par état à la conception,

_____

(1). Cette question ; quels sont les véritables représentans ? conduit tout d'un coup à cette autre, quels sont
les véritables électeurs de la représentation ? Entamer
ici cette dernière question, ce serait sortir du sujet :
nous la traiterons ailleurs.

à la résolution , à l'exécution de toute mesure publique.

Où finit le domaine du gouvernement ? Où commence celui de l'industrie privée et indépendante ? Y a-t-il des professions indépendantes auxquelles on doit s'adresser de préférence , et quelles sont ces professions ? Voilà ce qui reste à examiner.

Dans toutes les constitutions des États-Unis d'Amérique , qui ont plus clairement qu'aucun état en Europe l'industrie et la production pour objet , tout emploi , toute charge , toute fonction quelconque qui rattache directement ou indirectement celui qui l'exerce au pouvoir public , soit exécutif , soit administratif , soit judiciaire , l'exclut irrévocablement des assemblées représentatives (1). Or, cet usage constitutionnel ne

_____

(1) « Aucun membre du conseil d'état, secrétaire ou trésorier d'état, juge, procureur général, commissaire général, officier de terre ou de mer , à la solde du continent ou de cet état (excepté les officiers de la milice qui ne reçoivent point de solde , et qui ne sont appelés au service que par occasion), aucun garde des testamens et des actes, shérif, officier des douanes, receveur des taxes, ne pourra être membre du sénat, ni de la chambre des représentans de cet état. (Constitution de New-Hampshire , chap. 1.)

» Aucune personne pourvue d'un office de juge de la

2

peut être venu dans ce pays d'un desir d'avoir
ce que nous appelons ici des élections populaires ;

Cour suprême ou des plaids communs , secrétaire d'état ,
procureur général , solliciteur général , trésorier ou receveur général , juge vérificateur des testamens , shérif,
garde des registres des testamens ou des actes , greffier ,
ne pourra en même temps avoir une place dans le sénat
ou la chambre des représentans de cet état. (Const. de
Massachussets , chap. 2 , art. 2).

» Aucun juge ni shérif, ni aucune autre personne revê-
tue de quelque emploi que ce soit, sous l'autorité du gouvernement , ne pourra être élu membre de l'assemblée
générale , excepté les juges de paix qui ne sont point
payés , et dont les offices pourtant seront déclarés vacans,
dès qu'ils auront été élus, et qu'ils prendront place dans
l'assemblée. (Constitution de New-Jersey , art. 20).

» Aucun membre de la chambre des représentans ne
pourra posséder aucun autre emploi excepté dans la milice (garde nationale, *dont les officiers ne reçoivent point
de traitement.*) (Constitution de Pensylvanie , chap. 2 ,
art. 7).

» Les membres du conseil privé , les secrétaires d'état,
les commissaires de l'office du prêt public , les juges et
les greffiers , tant qu'ils seront en place , ainsi que tous
les entrepreneurs de fournitures pour le service de terre et
de mer , ne seront éligibles, ni pour l'une ni pour l'autre
des chambres de l'assemblée. (Constitution de Déla-
ware , art. 18).

» Aucun sénateur ou délégué , s'il accepte et prête ser-

car tout y est peuple, jusqu'au roi. Le motif s'en
trouve dans un sentiment profond de l'incapa-

---

ment en cette qualité, ne possédera ni n'exercera aucun
emploi lucratif, et ne recevra les profits d'un emploi
exercé par toute autre personne. Aucune personne re-
vêtue d'un emploi lucratif, ou en recevant en partie les
profits, ou recevant en tout ou en partie les profits ré-
sultans de quelque commission, marché ou entreprise
quelconque pour l'habillement ou autres fournitures de
l'armée de terre ou de la marine, ni aucune personne
employée soit dans les troupes réglées de terre, soit
dans la marine de cet état ou des Etats - Unis, ne
pourra siéger dans l'assemblée générale.

» Et si quelque sénateur ou délégué exerce ou possède
quelque emploi lucratif, ou touche soit directement, soit
indirectement en tout ou en partie les profits d'un emploi exercé par une autre personne, il sera, d'après la con-
viction, dans une Cour de loi, privé de sa place, et puni
comme coupable de corruption et de parjure volontaire.
(Constit. de Maryland, art. 47 et 49.)

» Tous ceux qui occupent des emplois lucratifs sont
incapables d'être élus membres de l'une et de l'autre des
chambres de l'assemblée de cet état. (Constit. de Vir-.
ginie, art. 12.)

» Aucun membre du conseil d'état, secrétaire d'état, procureur général, greffier, juge ; aucun officier de troupes
réglées ou de marine, au service ou à la paie, soit de cet
état, soit des Etats-Unis, et aucun traitant ou agent pour
la fourniture de vivres ou d'habillemens à des troupes

2 *

cité naturelle à tout homme d'exercer des fonctions contradictoires; de faire des réglemens et
de les défaire ensuite , de blâmer ses propres
décisions; de conseiller, d'ordonner, d'exécuter

---

réglées ou à une marine quelconque, ne pourra siéger
ni dans le sénat ni dans la chambre des communes, et
ne sera éligible pour aucune de ces places. (Constitution de la Caroline septentrionale , art. 27).

» Si quelque membre du sénat oude la chambre des représentans accepte quelque place lucrative ou quelque
commission , sa place de sénateur ou de représentant
vaquera , et il y sera pourvu par une nouvelle élection ;
mais il ne sera pas inhabile à y rentrer s'il est réélu ,
à moins qu'il n'ait été nommé secrétaire d'état , commissaire de la trésorerie , officier des douanes , garde des registres , greffier , shérif , commissaire des approvision-
nemens militaires ; tous les officiers ci - dessus étant
déclarés par la présente constitution inhabiles à être sé-
nateurs ou représentans. (Const. de la Caroline mérid.
art. 20.)

» Aucun habitant pourvu d'un emploi lucratif ou d'une
commission militaire sous l'autorité de cet état ou de
quelque autre état que ce soit, excepté les officiers de la
milice , ne sera éligible comme représentant. (Const. de
Géorgie, art 17). »

Les mêmes dispositions se trouvent dans les constitutions des nouveaux états de Vermont, de Tennessée, de
Kentucky et d'Ohio. (Voyez le recueil des constitutions
d'Amérique.)

des levées d'hommes et d'argent, de servir dans
les armées, et de voter après contre les recrues,
les armées et les impôts. Il serait bien extraor-
dinaire qu'on pût une seule fois voter pour toutes
ces choses dans l'intérêt de la liberté et de l'industrie. ·

Tout ce qui tient aux établissemens que nous
appelons publics, est, d'après ces principes, dans
les États-Unis, constitutionnellement inhabile à
représenter ; et ces principes portent si loin dans
la pratique, que certaines exclusions doivent
nous étonner fort, nous qui depuis trente ans
avons des chambres représentatives sans nous
douter encore de ce que c'est que représentation. Les fonctions de prêtre, et jusqu'à celles de
directeur ou de professeur d'un collége aux frais
du gouvernement, entraînent l'incapacité d'être
éligible aux fonctions de député des citoyens (1).

_____

(1) « Aucun président, professeur ou instituteur du collége de Harward, ne pourra siéger en même temps dans
le sénat ou dans la chambre des représentans. (Const.
de Massachusets, art. 2).

» Aucun ministre ou prédicateur de l'évangile, de quelque secte que ce soit, ne pourra siéger dans l'assemblée
générale de cet état. (Const. de Maryland, art. 37.)

» Aucun ministre de l'évangile, ni aucun prédicateur
public, de quelque secte que ce soit, ne sera éligible pour

Cela peut paraître singulier, mais cela découle naturellement des vraies maximes du système représentatif.

L'entreprise générale de l'administration publique se partage en diverses entreprises particulières, qui concourent au même but chacune selon sa nature. Il y a des établissemens pour la défense extérieure, et pour la paix intérieure, qu'on désigne par les noms de force militaire, de force civile, de justice civile ; il y a aussi des établissemens de morale publique et de religion, dont l'objet est de prêter secours à la justice ; il y a des établissemens d'éducation publique fondés pour diriger les esprits des administrés de la manière la plus commode à l'administration, et pour lui former une pépinière de jeunes gens où elle se recrute. Autant il y a de ces établissemens, autant il y a de corporations dans lesquelles se partage la grande corporation des gouvernans. On trouve le corps des officiers militaires, le corps des officiers civils, le corps des juges, les prêtres, les prédicateurs, les professeurs, les instituteurs

---

la place de sénateur ou de représentant, tant qu'il exercera les fonctions ecclésiastiques, ni deux ans après les avoir quittées. (Const. de la Caroline mérid. art. 219.) » Voyez les autres constitutions. —

de toute espèce , tous gens du gouvernement ,. n'ayant d'affaire qu'avec lui et nullement avec les. producteurs sur lesquels ils opèrent seulement chacun selon son emploi; mais dont ils ne reçoivent directement ni ordre, ni mandat , ni traitement, ni pension ; tous par conséquent également incapables de figurer comme représentans.

On dit communément que tous les intérêts des habitans d'un pays doivent avoir des avocats dans les chambres représentatives, lesquelles doivent se peupler par conséquent de mandataires de, tous les ordres et de tous les corps ; c'est une grande erreur : le simple bon sens dit que, s'il y a des corporations qui ont ailleurs des avocats, elles n'ont pas besoin d'en trouver encore là , et que la délégation spéciale est un droit naturel et exclusif de ceux qui n'ont que ce moyen de faire connaître et respecter leur intérêt. Or, les corporations laborieuses, les commerçans, les fabricans, les cultivateurs sont seuls dans ce cas ; les corporations soldées trouvent dans ceux qui les paient et qu'elles servent, des organes et des défenseurs toujours prêts.

Voilà l'esprit des lois américaines. Nulle part la distinction nécessaire entre un producteur et un administrant, n'a été si exactement établie ; c'est que, sans cette distinction, la production, la propriété des hommes qui n'administrent pas, est compromise de mille manières, et que ceux qui ont fondé les états d'Amérique, seuls avec leur industrie sur une terre toute neuve, n'ayant ni esclaves ni maîtres, et ne voulant rien devoir qu'à eux-mêmes, n'étaient pas gens à jouer avec la propriété d'où dépendait la vie de chacun d'eux.

Laissez faire à leur gré les gouvernans, et les intérêts individuels disparaissent ; c'est le despotisme, c'est la mort. Mêlez-vous aux gouvernemens et divertissez-vous à exercer le pouvoir, soyez tous des hommes publics, et les intérêts individuels disparaissent encore ; c'est la démocratie, c'est la mort aussi, à moins que vous n'ayez des sujets à *exploiter* ou des ennemis à piller. Mais séparez de vous ceux qui gouvernent, élevez contre l'administration une *anti-administration* ; ne souffrez pas que l'intérêt privé soit la proie de l'intérêt collectif, et vous serez libres, et vous pourrez subsister sans être ni des tyrans ni des voleurs.

Dans notre Europe où rien n'avance franchement, où chaque siècle est tiré en arrière par le siècle qui l'a précédé, où l'héritage des préjugés se transmet et passe d'une génération à l'autre, à côté de l'héritage des lumières, ce sys-

tème est né il y a près de six cents ans, et il a
été corrompu dès sa naissance. En Amérique,
où il n'y a point de masures ni de souvenirs,
l'institution s'est fondée pure et se conserve
pure.

Nous avons établi que toute personne qui reçoit
le prix de son travail du public représenté par
le gouvernement, et non d'un individu ou d'une
société d'industrie particulière, est par la force
des choses inéligible à la place de représentant.

Cela posé, on sait parmi quels hommes il faut
choisir ; mais il reste à chercher quels hommes
parmi ceux-là on doit préférer, quels sont pour
ainsi dire les degrés d'éligibilité.

Les hommes dont l'existence est toute privée,
qui ne reçoivent de l'administration ni hono-
raires, ni pensions, se divisent en deux classes
principales ; les uns tirent leur revenu d'un
capital en terres ou en meubles qu'ils livrent
à ferme ou à loyer, et qu'ils laisssent reposer
dans les mains du fermier sans travailler dessus
pour l'accroître. Ce sont les hommes qu'on appelle simplement *propriétaires*, et qu'on devrait
nommer *propriétaires improductifs*, pour les dis-
tinguer de ceux qui tourmentent sans cesse leurs
capitaux pour leur faire rendre le plus possible,

qui renvoient au capital les revenus obtenus pour
les faire produire à leur tour , qui , améliorant
beaucoup et consommant peu, ne laissent jamais
leur patrimoine comme ils l'ont reçu, et main-
tiennent le pays dans un état de richesse et de
bien-être toujours croissant.

Les propriétaires improductifs n'occasionnent
aucun changement dans la richesse générale.
S'ils étaient seuls, le moindre fléau imprévu serait incurable ; une invasion , une mauvaise année causerait la perte de tout un peuple ; mais
les autres sont là pour tout guérir par leurs capitaux accumulés. C'est à ces derniers qu'il faut
s'adresser premièrement , sur-tout lorsqu'il y a
à réparer ; et c'est aujourd'hui un de nos grands
besoins.

Nos choix doivent donc se porter d'abord sur
la classe des propriétaires productifs , qui est elle-
même divisée en plusieurs classes, qui ne sont
pas toutes au même rang.

Avant d'aller plus loin , remarquons que la
loi fondamentale qui fixe les conditions de l'éligibilité, est opposée dans sa disposition principale
aux vrais principes d'une bonne représentation.

La loi demande mille francs de *contributions
directes*, c'est-à-dire qu'elle considère la propriété
foncière comme la véritable base du droit de re-

présentation , et la meilleure garantie pour les représentés.

On ne sait donc pas qu'en France les propriétaires fonciers sont le plus généralement propriétaires improductifs ; que la foule des désœuvrés , qui ne vivent pas aux dépens d'autrui , est composée en grande partie de propriétaires fonciers; que les rentiers seraient encore à préférer, parce que , quelquefois au moins , ils font des économies , tandis que les autres sont dissipateurs par naturel , et aiment la consommation pour elle-même.

Veut-on voir ce que c'est que des propriétaires fonciers dans une assemblée représentative , et comme ces gens-là entendent l'intérêt de la propriété et de la richesse ? qu'on relise les discours dont ils ont déshonoré les deux dernières sessions des chambres à l'occasion du budget ; on y voit presqu'à chaque page ce refrein : *Périsse l'héritage de cent familles industrieuses plutôt qu'un seul de nos chênes* ! Les hommes qui font avancer la société en bien-être , les hommes qui travaillent et qui produisent, y sont traités de joueurs , d'usuriers , d'agioteurs ; les capitaux mobiliers sont du papier sur lequel on souffle , tandis que les terres en friche , les fermes dégradées que le propriétaire visite une fois en dix ans , sont le salut de la France. Ceux qui vivent de ce capital *impérissable*, sans soins et sans frais d'esprit , lui rendent une sorte de culte , comme le sauvage qui se laisse nourrir par son arbre , et qui ne sait que tomber à genoux pour l'en remercier.

Si ce ne sont pas là les paroles même de ces harangues, c'en est du moins le sens; et à quoi mène cette doctrine ? Aux plus grands fléaux de nos temps modernes , aux banqueroutes publiques, aux *réductions*, aux *mobilisations*, aux *consolidations forcées* par lesquelles des milliards sont anéantis dans un jour, et périssent pour les familles et pour la société.

C'est un reste des préjugés sortis de la barbarie féodale que le seul fait de la possession d'une terre attire encore sur le propriétaire un plus haut degré d'estime que ne ferait tout autre fonds équivalent. Les habitudes de l'assujétissement durent souvent long-temps après que l'assujétissement est passé. Il semble que ce soit le souvenir d'avoir été les esclaves des propriétaires de la terre, qui nous fait reporter involontairement sur cette propriété une partie du respect servile que nous avions pour nos maîtres.

Et certes, ce n'est pas l'intérêt qui nous engage à cette déférence ; la propriété territoriale,

lorsqu'elle est jointe à l'industrie, est la plus utile
et la plus noble; mais lorsqu'elle en est détachée,
c'est peut-être la moins morale de toutes. La fortune du seigneur de campagne n'est liée à celle de
personne; l'espérance de ses revenus n'est point
fondée sur la prospérité et le succès de ses correspondans qu'il aide, mais sur la misère de
ses fermiers qu'il pressure; l'abondance des richesses ne grossit point les siennes, l'appauvrisse-
ment général les diminue peu; il peut rester également insensible au mal comme au bien public;
ni l'un ni l'autre ne vont jusqu'à lui. Que lui
importe l'activité de la production? il y a toujours
assez de produit s'il trouve à échanger le revenu
de ses blés ou de ses bois, qu'il doit dévorer dans
l'année. Au contraire, le progrès de l'industrie
doit lui être à charge; l'industrie élève des fortunes qui peuvent éclipser la sienne, et le bles-
ser dans son orgueil ou dans son influence.

Même, il a moins d'intérêt que le capitaliste
ou le fabricant à ce que le pays qu'il habite ne
soit point envahi. L'ennemi ravage la terre, mais
il ne l'emporte point avec lui; c'est le revenu
d'un an, de deux ans, qui est consommé, et le
capital reste. Mais, lorsque les machines sont
brisées, les magasins pillés, les ateliers incendiés,
c'est le capital aussi qui disparaît. L'intérêt de

la liberté est faible pour le propriétaire de terres ; il n'a besoin que de sûreté; et s'il se défiait de la probité de ses voisins, il invoquerait volontiers le despotisme qui maintient en comprimant. Nulle part cette sorte de propriété n'est mieux assurée qu'en Turquie.

Ce sont les hommes sans propriété territoriale, dit un historien philosophe (1), qui ont conquis

---

(1) M. Sismonde-Sismondi dans son histoire des républiques italiennes. Le passage est assez remarquable pour être transcrit en entier.

« Dans le moyen âge, on parlait des droits exclusifs des nobles, aujourd'hui l'on parle de ceux des propriétaires de terres ; par ces deux noms, mis quelquefois en opposition l'un avec l'autre, on a toujours entendu la même chose.

» On a vu des familles, au moyen âge, être considérées comme nobles, par la simple transformation de leurs richesses mobilières en immobilières.

» Les économistes prétendent que la nation n'est composée que des propriétaires de terres, et qu'il dépend de ceux-ci d'imposer quelles conditions il leur plaît à ceux à qui ils permettent d'habiter le sol qu'ils possèdent.

» Ce système a été adopté, et pendant plusieurs siècles la souveraineté a été abandonnée toute entière aux propriétaires du sol ; car le sol de l'Europe avait été divisé entre les nobles qui n'étaient encore que des soldats, et il n'y avait pas dans tout l'Occident une seule parcelle de terre qui ne fût la propriété d'un gentilhomme. Les pro-

la liberté pour les peuples modernes ; et c'est
sur les possesseurs du sol qu'ils l'ont conquise.

priétaires voulurent que la seule condition, moyennant
laquelle on pourrait habiter sur leur sol , fût la servitude ;
et comme il n'y avait plus d'asyle ouvert à ceux qui ne
voulaient pas souscrire à cette condition , les propriétaires
convinrent de se renvoyer les fuyards.

» Grâce à l'esprit de liberté , de telles lois furent vio-
lées ; partout où , sur la propriété d'un noble ,les habita-
tions des artisans et des marchands rapprochées formèrent
une ville ; les bourgeois de cette ville, les armes à la main,
forcèrent les nobles propriétaires à reconnaître les bornes
du droit de propriété. C'est ainsi que du 10e au 12e siècle
les gens sans propriété territoriale reconquirent la liberté
aux générations futures. Pendant le 13e siècle (et aujourd'hui c'est l'état des choses), la querelle entre les
nobles propriétaires des campagnes et les bourgeois établis
dans les villes changea de nature et d'objet. Les premiers
reconnaissaient la liberté civile des seconds ; mais ils
voulaient être chargés exclusivement de l'administration
de l'état. Ils pouvaient, disaient-ils, nourrir et affamer
la cité ; ils ne pouvaient séparer leur intérêt personnel
de l'intérêt public ; ils étaient enracinés au sol, tandis
que dans les villes les fortunes mobiles s'accroissaient ,
se maintenaient au milieu des révolutions ; les nouveaux
riches ne donnaient aucune garantie de leur attachement
et de leur obéissance.

» Mais les négocians, qui supportaient presque seuls
toutes les charges de l'état, qui participaient par leurs capitaux aux fruits des terres , s'indignèrent. Ils n'offraient

(32)

S'il y a parmi les éligibles aux fonctions représentatives une place pour les propriétaires sans industrie, ce doit être la dernière place. La plupart des propriétaires fonciers, en France, sont dans ce cas ; c'est un malheur, mais la règle ne peut se plier pour les personnes ; quoi qu'il en soit, l'intérêt agricole ne manquera point de représentans ; on en trouvera dans leurs fermiers.

La première classe des éligibles doit se composer des hommes livrés aux grandes spéculations de finance ; ils sont les plus capables de porter dans l'examen de l'administration publique, laquelle, sous un rapport, peut être regardée comme une spéculation financière, la critique la plus haute et les vues les plus générales. Les défauts des plans, les erreurs involon-

point, il est vrai, de garantie ; mais ils en demandaient une, la liberté. Fidèles à la patrie tant qu'elle était libre, ils n'étaient pas de ces gens qu'un tyran peut atteindre et enchaîner. Sur l'Océan, libres au milieu des nations asservies, ils préparaient dans l'exil les jours de la vengeance et de la liberté. Tandis que les nobles, vendus tour à tour aux empereurs ou aux *condottieri*, se laissaient enchaîner par leurs propriétés territoriales, qui étaient une garantie, non de leur patriotisme et de leur bravoure, mais de leur obéissance et de leur lâcheté, envers l'ennemi qui pouvait ravager leurs campagnes. »

taires ou volontaires , les mauvaises mesures
d'impôt, la somme des besoins , celle des recettes;
toutes ces discussions , qui doivent se résoudre
par les mêmes opérations d'esprit qu'ils ont à
faire chaque jour pour leurs entreprises particulières, leur sont faciles. Nous en avons une ex-
périence toute récente. Ce sont les hommes de
finance qui , dans les derniers débats sur le budget , dans la chambre et hors de la chambre ,
ont montré le plus de talent et de fermeté (1).
La fermeté est souvent un fruit de la confiance
dans ce qu'on voit; elle vient des lumières autant
que du courage.

Dans la seconde classe sont les négocians , les
fabricans, les cultivateurs, tout le reste des hom-

---

(1) Le système de crédit et le paiement intégral de l'ar-
riéré ont été proposés dans la commission du budget , et
soutenus dans la chambre des députés par M. Lafitte, *banquier*. M. Basterrèche, *banquier* et *négociant*, a écrit deux
brochures sur les finances, dans l'une desquelles il a exposé
avec force les circonstances politiques qui contraignent le
gouvernement à donner des garanties pour qu'il obtienne
du crédit. M. Casimir-Périer , *banquier*, a examiné scru-
puleusement si les besoins exposés par les ministres étaient
vraiment des besoins de l'état, et si, en s'en tenant à leurs
demandes , il n'y avait pas encore des économies pos-
sibles.

3

mes d'industrie et d'affaires , qui viendraient ,
selon l'intérêt de la production , s'interposer entre les projets du gouvernement et les amende-
mens proposés , et faire pencher la balance d'un
côté ou de l'autre ; gens ayant besoin à la fois
et de liberté et de protection , et qui , partagés
entre ces deux intérêts , ne sont point disposés à
souffrir que le bon ordre étouffe la liberté , et
non plus, que la liberté détruise le bon ordre.

Après eux , il faudrait mettre les savans qui ap-
pliquent leur esprit à la théorie des arts utiles.
Ces hommes sont liés par intérêt à la prospérité
de l'industrie matérielle ; car sans capitaux leurs
découvertes restent sans emploi, et plus les capitaux sont abondans , plus elles promettent de
fortune aux inventeurs. Ils tiennent d'ailleurs
presque toujours à la classe des fabricans ; ou
bien ils font eux-mêmes l'essai de leurs découvertes, ou bien ils s'associent à des capitalistes.

Enfin , dans la troisième classe des éligibles
se rangent les gens de lettres et les savans livrés
aux pures spéculations de l'intelligence , les
avocats , les jurisconsultes, tout ceux qui cher-
chent leurs moyens de vie ou d'aisance dans le
talent d'écrire ou de parler ou de conseiller. Ces
hommes ont peuplé les assemblées depuis vingt-
cinq ans , et les assemblées étaient des académies

où chacun ne défendait plus d'autre intérêt que celui de son éloquence ou de sa raison. En petit nombre, parmi les défenseurs naturels de la propriété, ils pourront, en prêtant leur voix au bon sens, l'aider à se faire jour, et séduire ou convaincre les esprits durs que le vrai et l'utile n'auront pas frappés.

Nous n'avons pas besoin de rappeler que nous ne parlons ici que des gens de lettres de profession, c'est-à-dire indépendans du gouvernement, et n'ayant ni pensions ni chaires. Ceux-là sont dans le nombre des gens soldés ; leur intérêt n'est pas que l'argent soit dans les poches des particuliers avec lesquels ils n'ont rien à débattre, mais dans les coffres de l'administration qui les paie. Plus le trésor se grossit, plus il y a d'extorqué aux producteurs, plus il y a pour eux de chances de fortune. L'esprit que donne un pareil état est loin d'être conforme, comme on voit, à ce que nous avons dit du véritable esprit de la représentation nationale.

Tant que l'instruction publique sera donnée par le gouvernement, ceux qui professeront seront du gouvernement et non de la nation. Tant que l'instruction publique sera donnée par le gouvernement, elle sera ce qu'est une denrée produite sans concurrence, mauvaise et chère. Un

3 *

monopole est dans tous les cas, le fléau le plus
funeste à ceux qui consomment, et c'est bien pis
lorsque le gouvernement se l'attribue. Or ici,
c'est un monopole établi par le gouvernement
sur les idées, les progrès, la civilisation du
peuple (1).

Voyez aussi ce qu'on est au sortir du collége ;
on a appris dans les livres *classiques*, anciens ou
modernes, que l'état est tout ; et comme le gouvernement s'appelle l'état, on veut être du gouvernement pour être quelque chose ; on cherche
une place au lieu d'un métier. On aime mieux
se faire le valet des valets d'un ministre que l'égal
d'un honnête homme libre. Les greffes et les bureaux de barrière se peuplent de lettrés ; les
comptoirs et les ateliers sont abandonnés à la
masse ignorante. C'est bien là ce qu'il faut à

---

(1) De bonnes gens vont crier au jacobinisme ; mais il
faut qu'ils apprennent que c'est aux jacobins qu'on doit
d'avoir joint aux attributions spéciales du gouvernement
celle de diriger les esprits, et de l'avoir fait *pouvoir en-
seignant*, comme il était déjà par lui-même ou par ses
agens pouvoir *exécutif*, *législatif* et *judiciaire.* Avant
1791, il y avait bien un monopole d'instruction ; mais au
moins ce n'était pas le gouvernement qui l'exerçait : le
privilége exclusif appartenait à des compagnies indépendantes de lui. L'université était libre.

l'administration ; plus on aime ses places , plus
on l'aime , plus elle est forte. Mais la nation qui
s'épuise à produire, ne trouverait-elle pas mieux
son compte, si on venait l'aider dans ce travail,
au lieu d'aider les gouvernans dans le travail de
la consommation ? .

Vivre de sa seule industrie personnelle , et par-
là avoir un intérêt matériel à la prospérité de
l'industrie d'autrui et au bien-être des producteurs , c'est la condition indispensable pour être
capable de représenter la nation , c'est-à-dire les
producteurs ; mais une autre condition est encore indispensable , c'est qu'à ces intérêts maté-
riels en faveur de la production, ne se joignent
pas des intérêts moraux en opposition avec elle.

Un homme peut professer une industrie productive et être détaché de cette profession par
ses desirs ou ses habitudes ; il peut regarder son
existence indépendante comme un pis aller au-
quel il veut se résoudre en attendant des *postes*,
des honneurs , *des dignités*. Cet homme serait inhabile à être représentant ; car il conser-
verait toujours , dans l'exercice de ses fonctions,
une arrière pensée de ne point trop contrarier
le gouvernement dans son action, ni dans ses
dépenses, pour que les emplois fussent toujours
en bon nombre et d'un gros profit ; deux choses

qui sont contre l'intérêt des représentés , lesquels
ont à essuyer à la fois et l'administration et les
frais de l'administration.

Electeurs patriotes , s'il se présente devant
vous un homme qui vante le plaisir ou le profit
des places, et qui s'en montre avide ; dites lui
qu'il s'adresse mal , que vous n'avez rien à donner de ce qu'il desire , et renvoyez-le à ceux qui
en disposent.

Gardons-nous sur-tout d'une vieille tactique
à laquelle on a été fidèle durant toute la révolution , et qui a peut être été la première cause
de cette constante violation de la liberté et de
la propriété, dans laquelle ont trempé toutes nos
assemblées représentatives. C'est de ressusciter ,
contre l'action du gouvernement existant, les hommes d'un gouvernement détruit sur les ruines
duquel s'est élevé l'autre. Des représentans ainsi
choisis lutteront violemment, il est vrai , contre
l'administration présente; mais qui voudront-ils
servir dans cette lutte ? Non pas leurs commet-
tans, mais eux-mêmes ; et que peut-il résulter
de leur victoire ? Que le pouvoir passe dans leurs
mains et que les vexations se fassent à leur profit.

Les ennemis de nos ennemis peuvent être aussi
les nôtres , et ils le sont dans ce cas... Des ambi-
tieux, quel que fût leur parti, se garderaient bien

de rien faire dans notre intérêt, ce serait agir contre eux-mêmes. Retrancher quelque chose des profusions, des abus, du pouvoir, de la clientelle administrative, ce serait détériorer une possession qu'ils envient et pour laquelle ils s'agitent. Encore, ne serait-on pas assuré qu'ils voulussent persister dans le combat. Si les gouvernans offraient de capituler, et de céder une partie pour conserver en paix le reste, il y a peu à douter que les autres ne fussent pas empressés à accepter et à vendre la nation et sa cause. Nous en avons vu des exemples. Un homme qui se plaisait à exploiter les producteurs au nom de la souveraineté démocratique, est tout prêt à les exploiter de nouveau au nom de la souveraineté monarchique; peu lui importe le titre.

Nous ne serons une nation représentée que lorsque nous aurons pour mandataires des hommes professant une industrie indépendante, et offrant en même temps des garanties morales de leur constance dans cette industrie, et de leur volonté de ne chercher la fortune que par elle. Des hommes d'une conscience assez délicate pour regarder l'argent levé pour le public comme un moyen de vivre retranché aux hommes, et qui craindraient d'y toucher, effrayés de la responsabilité terrible à laquelle se soumet celui qui doit se dire : j'ôte à leur subsistance ? que leur donné-je en retour? Des hommes ayant un esprit assez haut, une ame assez ferme, pour ne voir dans l'administration qu'un camp ennemi.

Ces caractères sont communs dans les sociétés nouvelles de l'Amérique ; ils sont rares encore parmi nous, ou peut-être ne les découvrons-nous en si petit nombre que parce qu'ils se cachent et fuient le grand jour.

On ne les voit point au milieu des coteries, dans les antichambres des ministres, dans les corridors des palais ; ils ne figurent point dans les pompes où le pouvoir s'étale ; il font peu de bruit et beaucoup de bien. Allons les trouver dans leurs retraites, au fond de leurs comptoirs, de leurs bureaux, de leurs ateliers, des campagnes qu'ils cultivent ; disons-leur avec un sentiment profond : ô nos concitoyens ! ô nos amis ! nous vous avions ignoré, nous vous connaissons, et nous venons à vous. Vous souffrez quand nous souffrons; quand nous prospérons, vos fortunes prospèrent. Allez faire respecter votre intérêt avec le nôtre ; soyez nos défenseurs, soyez notre salut, comme vous êtes notre gloire.

Nous venons de remonter en abstraction jusqu'à la nature du titre et des fonctions de représentant, et nous avons tiré de cette recherche
quelques principes dont nous conseillons l'appli-
cation présente. Une chose qui nous persuade
que nous avons bien vu, une chose qui n'a pas
échappé, sans doute, au lecteur attentif, c'est
qu'en nous laissant aller où nous menait la théorie, nous n'avons jamais fait que raisonner le
sentiment commun de tous les bons esprits, et
expliquer en quelque sorte le vœu général, la
conscience de la nation.

Il est remarquable comme aujourd'hui, à
chaque nouveau point de discussion qui se présente dans ce qui touche à nos intérêts civils,
nous tombons tous d'accord, et comme chaque
controverse qui s'élève, presque aussitôt disparaît :
la politique devient enfin une science.

Deux écrits différens ont paru au sujet des
élections prochaines : l'un est une espèce d'instruction pour les électeurs de France, qui jointe
à la charte constitutionnelle et à la nouvelle loi,
forme un manuel à leur usage ; l'autre est une
liste raisonnée des hommes qu'il conviendrait
d'admettre dans la députation de Paris. Les
auteurs de ces deux brochures ne vont pas loin à
la recherche des principes, et cependant presqu'à

chaque fois qu'ils ont à traiter des choix que nos besoins commandent, ils s'accordent ensemble, et avec ce qui vient d'être dit ; s'il y a quelque divergence, c'est dans les points difficiles, où le seul instinct du bien, sans un examen profond des choses, ne suffit plus pour guider le jugement.

« Quels sont les députés que la nation ré-
» clame, » se demande l'auteur du Manuel à la fin de son livre ? et les hommes qu'il désigne comme la tête de la représentation nationale, ce
»* sont « *des chefs de manufactures et d'entre-*
» *prises industrielles, des banquiers, des com-*
» *merçans* d'une réputation bien établie, qui
» soient connus par un attachement solide et rai-
» sonné aux principes d'une sage liberté.

. » Des hommes d'un bon sens éprouvé, d'un
» grand caractère plutôt que des hommes d'es-
» prit. »

Les véritables fonctions de la représentation nationale sont exposées de la manière suivante, par *l'électeur du département de la Seine*, auteur de la liste de candidats. « Nous desirons que les candidats soient pénétrés de ces grandes vérités, que, dans le droit de voter l'impôt et de fixer le budget, réside toute la puissance de la chambre ; qu'en exerçant ce droit avec impassi-

bilité, elle peut opposer une barrière inexpu-
gnable à tous les genres de despotisme ; que
devant cette barrière, viendront se briser toutes
les forces ministérielles, et qu'il n'est point
d'usurpation à craindre pour un peuple dont les
représentans n'accordent à l'autorité exécutive
que les fonds *strictement nécessaires* pour satis-
faire aux besoins *réels* de l'état. Ces besoins doi-
voivent être connus, prouvés, évidens. Faire
payer au peuple un centime de plus qu'il ne
doit, est crime, est trahison ; donner aux ministres une somme que leur administration ne ré-
clame pas impérieusement, c'est leur donner
les moyens d'échapper à toute responsabilité.

» Nous desirons dans nos candidats le courage
de repousser avec indignation toute loi de circonstance, parce que l'art de faire naître les
circonstances est depuis vingt-cinq ans trop bien
connu des gouvernans ; parce que les lois d'ex-
ception laissent un champ libre à l'arbitraire, à
la tyrannie. »

L'exclusion naturelle de tous les hommes qui
participent à l'administration, ou qui y sont liés
par intérêt ne lui a pas échappé.

« Quoique la loi ne repousse des élections populaires ni les nobles, ni les hommes en place,
et qu'on doive choisir le mérite partout où il est

supérieur, il me paraît raisonnable d'appeler de préférence aux fonctions de député les citoyens indépendans. S'il se présente un grand seigneur ou un courtisan, je lui montrerai la chambre des pairs où doit tendre son ambition. Si l'on me parle d'un fonctionnaire public, je répondrai qu'un évêque doit être dans son diocèse, un préfet dans sa préfecture, un directeur général à la tête de son administration, et un pensionnaire au coin de son feu. Le nombre des représentans est trop faible, pour qu'on nomme députés des agens du pouvoir exécutif. Songeons que pour s'assurer la majorité de la chambre, les ministres n'ont que cent vingt-sept députés, je ne dis pas à corrompre, mais à mettre dans leur parti. Combien cela leur serait facile, si par leurs titres, leurs emplois ou leurs pensions, ces députés étaient déjà dans leur dépendance ! »

Voici à quel caractère il veut qu'on reconnaisse l'homme indépendant, le seul homme vraiment capable d'exercer les fonctions de représentant.

« L'indépendant est celui qui, jouissant d'une fortune aisée, peut choisir ses occupations, ne cherche point à associer des fonctions libres à des places honorifiques ou lucratives, pour ne jamais se trouver entre son devoir et sa conscience (1). Il craint même le joug de la reconnaissance, et ne se mettrait point sur les rangs des députés, s'ils se trouvait lié par une ou plusieurs pensions qu'il devrait au gouvernement (2). Voilà quelles sont les qualités générales que nous désirons aux candidats.

» Qu'ils ne dissimulent jamais un abus pour avoir une place.

» Qu'ils n'acceptent qu'avec réserve les invitations des ministres et des grands, parce que l'honneur qu'on prétend leur faire par ces politesses n'est jamais désintéressé. »

« Nous voulons, dit à son tour l'auteur du Manuel, des hommes sortis purs des épreuves de nos révolutions, qui n'aient point trempé dans des excès criminels que les amis de la liberté ont désavoués avec horreur, et dont ils ont eux-mêmes été les victimes, qui ne se soient ni prostitués aux factions, ni flétris à aucune époque.

» Plusieurs de ces hommes ont été constamment repoussés de toutes les fonctions éminentes, soustraits avec soin aux regards et aux suffrages

---

(1) « On a vu un conseiller d'état disgracié pour avoir voté dans un sens opposé à celui du ministère. »

(2) « On assure qu'il est plusieurs députés qui cumulent deux, trois ou quatre pensions. »

de leurs concitoyens. C'est donc dans une condition privée qu'il sera souvent nécessaire de les chercher.

» Il faut fouiller dans le sein de la Nation ; elle y renferme des vertus, des talens cachés qu'il est temps de faire valoir ».

L'auteur se déclare contre l'ambition sous quelque forme qu'elle se montre ; l'amour de la gloire, le plus pur en apparence, lui paraît toujours couvrir quelque desir de pouvoir et d'action à exercer sur les hommes, c'est-à-dire contre les hommes. Il ne veut de grâce que pour une seule ambition, celle dont l'objet est d'opérer fortement sur les choses physiques, et non sur le genre humain. Il demande que l'on reçoive avec reconnaissance « les esprits étendus, les » cœurs généreux qui veulent augmenter la » puissance de l'homme sur la nature, qui sont » tourmentés du besoin de servir l'humanité ».

Tous les deux sentent la nécessité d'avoir enfin une véritable représentation de l'intérêt des citoyens ; ils pensent également que la circonstance en accroît le besoin, que rien ne doit être négligé de ce qui peut conduire à ce résultat ; et chacun de leur côté, ils s'évertuent à chercher des moyens par où l'on puisse plus facilement l'obtenir. L'auteur du Manuel veut que les électeurs se fassent un travail des élections, et s'y préparent de loin.

« L'homme d'un grand caractère, d'un talent distingué, qui aurait de l'énergie et du courage pour défendre à la tribune publique les droits de la Nation, sera très-souvent timide pour se produire lui-même dans une assemblée électorale. Son patriotisme désintéressé s'oppose à ce qu'il se jette en avant pour appeler sur lui les suffrages : content des les mériter, il n'agira point pour les obtenir.

» Mais s'il s'établit de bonne heure, et pendant quelques mois de suite, jusqu'au moment des élections, entre un grand nombre de ceux qui devront y concourir, des rapports intimes et des communications familières, dégagés de mystère et d'intrigue, où préside la confiance, où chaque candidat soit examiné sévèrement, où toute considération particulière soit écartée; si les choix à faire sont préparés, discutés, mûris dans les diverses réunions qui résultent de nos relations sociales, alors on arrivera au jour imprévu de la convocation des colléges électoraux avec une préparation convenable ; chaque électeur aura pu recueillir des renseignemens positifs sur les candidats proposés. Les choix dirigés sur les hommes les plus honorables, seront garantis de l'influence des mauvaises listes, des cabales, des coteries ».

Il conseille aux citoyens de se servir des listes d'éligibles dressées par les soins de l'autorité pour former des listes de confiance qui se passeraient de main en main, et seraient proposées en quelque sorte à la critique nationale.

» Chacun, dit-il, peut extraire des listes particulières de candidats en ajoutant à chaque nom l'âge, l'état, le domicile de l'individu, et des observations sur son caractère moral, sur la profession ou les fonctions qu'il a exercées ou qu'il exerce encore, sur les actions ou les écrits par lesquels il a pu se faire connaître ; enfin sur ses principes et sur sa conduite ».

L'électeur de la Seine propose la candidature dont il décrit les pratiques telles qu'elles existaient chez les Romains.

« La candidature romaine, dit-il, bonne pour un peuple à demi-civilisé, ne peut convenir à nos mœurs. Ce qu'il y a d'essentiellement bon, c'est la demande solennelle des hommes qui se croient aptes à remplir les fonctions de députés, c'est la présentation publique de ceux que l'opinion désigne comme les plus dignes de défendre les droits du peuble. La gloire de faire le bien de son pays est le seul salaire attaché à cette place honorable ; il est toujours beau de chercher à la mériter.

» La candidature romaine durait deux ans ; celle que nous croyons utile de créer en France durerait tout au plus trente jours.

» Si la loi était encore à faire, je proposerais d'assembler les électeurs un mois avant les élections, pour vérifier les titres des électeurs, pour recevoir la déclaration des éligibles qui prétendent à l'honneur de la députation, et pour faire un scrutin de liste dans lequel on prendrait pour candidats tous les éligibles qui auraient obtenu au moins dix voix. Cette liste publiée n'obligerait point les électeurs à donner leur suffrage aux éligibles qui y seraient portés ; mais elle éclairerait leur conscience, leur ferait connaître les hommes qui attirent sur eux l'attention publique, donnerait le temps de prendre des renseignemens sur la moralité et les talens des candidats, et, le jour de l'élection définitive, les électeurs voteraient avec connaissance de cause.

» Mais la loi est faite, il faut l'exécuter. Elle veut qu'on nomme *immédiatement ;* et, pour ne point voter en aveugles, il est du devoir des électeurs qui sont peu répandus dans la société, de chercher à connaître les éligibles dignes de

4

leurs suffrages ; il est du devoir de ceux qui ,
par état , sont en relation avec beaucoup d'hommes, de manifester hautement d'avance leur
opinion sur les choix qu'ils croient les plus
utiles à leur pays. C'est dans ces communications préliminaires , faites avec décence et fran-
chise, que consisterait la candidature que nous
proposons.

» Il n'y a qu'une grande publicité dans les
prétentions et dans les opinions individuelles, qui
puisse arracher les électeurs aux dangers de l'influence, ce germe corrupteur , comme dit Mira-
beau , qui infecte et vicie les élections publiques,
et fait naître la plus dangereuse des aristocraties,
celle des hommes ardens contre les citoyens pai-
sibles. »

S'il y a des principes nécessaires qui doivent
régler désormais les choix des citoyens, c'est dans
les élections de Paris qu'il est important sur-tout
que ces principes soient pratiqués. L'exemple de
Paris a sur les provinces une influence qui s'exerce
également pour le bien comme pour le mal. Des
nominations, des exclusions bien motivées par
des maximes constantes , une marche régulière,
assurée, évidente, suivie invariablement par les
électeurs de Paris, le serait bientôt par ceux
des grandes villes , empressés à les étudier , à

comprendre, à adopter leur façon d'agir ; de-là l'imitation gagnerait jusques aux bourgs.

Depuis 1789 jusqu'à l'an **VIII**, où par un renversement singulier de tout principe, le droit d'élire devint une prérogative de l'administration, les élections de Paris ont été faites sans aucune espèce de discernement de profession ou de personne. On n'a point consulté, *dit l'électeur de la Seine*, « les besoins de l'état, le genre de talens ou de lumières qu'il était utile de réunir et de préférer.

» L'assemblée constituante reçut de Paris cinquante-cinq députés, savoir dix nobles, seize magistrats ou avocats, sept commerçans, trois cultivateurs, trois savans et gens de lettres, un seul financier ; ce qui est remarquable à une époque ou le gouvernement périssait par les finances.

» Paris n'eut que vingt-trois députés à nommer à l'assemblée législative ; dans ces députés on ne compte plus de nobles, et l'on ne voit qu'un seul ecclésiastique ; mais on y trouve dix avocats, deux commerçans, deux militaires et un cultivateur.

» La capitale nomme vingt-quatre représentans à la convention, et dans ce nombre ne figure aucun prêtre, aucun noble ; on y remarque neuf

4 *

avocats, deux marchands, dix artistes ; savans
ou gens le lettres , et trois comédiens.

» Le conseil des anciens et le conseil des
cinq-cents ont donné lieu à quatre élections.
Paris a fourni à ces deux conseils cinquante- neuf
députés dans les quatre années. On n'y voit ni
nobles, ni prêtres , mais vingt-six avocats, vingt-
six gens de lettres et propriétaires , deux militaires , deux commerçans, cinq administrateurs
et un banquier.

» En récapitulant toutes ces élections, on voit
que sur cent soixante députés , le département
de la Seine a fait choix de :

>> 2 financiers ,
>> 4 cultivateurs ,
>> 13 commerçans ;
>> 42 savans , artistes , gens de lettres
et propriétaires ,
>> 61 avocats ,
>> 16 prêtres , .
>> 10 nobles ,
>> 5 administrateurs ;
>> 4 militaires ,
>> 3 comédiens. »

Si l'on examine ces élections d'après les règles
que nous avons déduites de la nature des choses
et des besoins de notre civilisation, quel cahos et

quelles contradictions ! Les hommes à préférer
sont le plus petit nombre ; le plus grand nombre
consiste en hommes à rejeter , ou à n'admettre
que pour remplir les vides.

Les financiers, les agriculteurs, les commerçans, forment la huitième partie de toute la
députation.

Les avocats , gens de lettres, artistes, savans,
propriétaires non industrieux en composent les
deux tiers.

Les prêtres , les nobles-dignitaires , les militaires, les administrateurs y sont pour un quart.

Il nous fut resté sans doute plus de liberté et
de bien-être de ces temps où nous nous félici-
tions de notre pouvoir d'être représentés , sans
savoir nous faire représenter , si les proportions
avaient été renversées , si les hommes de l'industrie avaient fait les deux tiers de la représentation nationale, les hommes de lettres le quart,
et les hommes de l'administration le huitième.

L'électeur de la Seine appelle ces élections
des élections bizarres ; il sent qu'elles le sont,
mais il s'explique mal le pourquoi. Faute de
principes sûrs , en condamnant l'erreur, en voulant l'éviter, il y tombe , et l'on y retomberait
encore si l'on s'en tenait aux choix qu'il con-
scille. La liste d'éligibles qu'il propose ressemble

beaucoup plus qu'il ne croit à la liste de députés qu'il blâme.

On y trouve :

5 financiers ,

4 commerçans ,

Pas un cultivateur : personne.n'y est désigné
sous ce nom ,

16 savans, gens de lettres, avocats, propriétaires,

9 administrateurs ,

10 militaires et un prêtre,

ce qui donnerait, si les élections se faisaient dans
la proportion fixée par cette liste , une députa-
tions où les gens de l'autorité figureraient pour
la moitié , où les gens de lettres seraient en nombre double des industrieux négocians et fabricans, et où l'industrie agricole ne serait point représentée.

Parmi les personnes proposées dans la liste ,
il y en a un grand nombre que nous n'avons
point l'honneur de connaître, qui seraient, nous
aimons à le croire, dignes d'être députés, mais
que l'auteur a mal servis, en les présentant avec
des titres qui sont loin de les recommander.

Au lieu de rappeler par le mot de *général* ,
que tel homme, redevenu citoyen indépendant,
a commandé les milices du pouvoir , il eût fallu

annoncer avec empressement qu'il ne commande plus ; au lieu d'entasser , autour de son nom comme des qualités rares, les titres des emplois par lesquels il a passé , il eût été mieux de déclarer qu'il a déserté les places , et qu'il s'est déshabitué , dans quelque industrie si petite qu'elle soit , des mœurs et de la science des gouvernans.

Tout homme a eu dans sa vie des circonstances diverses ; ce qu'il est , il ne l'a pas toujours été. Lorsqu'on jette un nom dans le public , il est important d'examiner sous quel aspect l'intérêt veut qu'on le présente , sans quoi l'on risque fort de le disgracier aux yeux des hommes , et de leur dérober son utilité dont ils jugeraient mal. Si l'on s'en tenait aux mots de la liste , M. de la Fayette serait inéligible ; il y est classé parmi les *généraux*.

Mais M. de la Fayette n'est point général , car il n'a à ses ordres ni corps d'armée , ni division , ni brigade ; car il ne reçoit ni solde , ni demi-solde , ni pension de retraite. Il est cultivateur , il est homme industrieux , voilà son titre. C'est à ce titre qu'il lui appartient de figurer à la tête des éligibles ; et , si les choix sont ce qu'ils doivent être , à la tête des députés de la France.

Quel homme l'industrie française proclamerait

elle comme son plus digne représentant, si ce
n'était le citoyen français, qui le premier a senti
que la cause d'un peuple industrieux était la
cause de tous les hommes ; qui est allé à deux
mille lieues de son pays dévouer sa fortune et sa
vie à l'affranchissement d'une société laborieuse,
attaquée dans sa liberté, attaquée dans sa subsistance par les lois de ses administrateurs ?

Une nation déjà riche, où chaque citoyen était
enrôlé contre les soldats et les agens du pouvoir,
et où personne en combattant n'avait d'autre
objet que sa propre indépendance, sans aucune
pensée d'ambition ; une révolution conduite par
des hommes dont aucun ne spéculait sur elle,
et ne songeait à rendre libre le travail des autres
dans la vue de l'exploiter à son compte ; ce spec-
tacle frappa M. de la Fàyette ; il fut attiré par
ces caractères auxquels le sien ressemblait ; il
courut se montrer à ces hommes comme un de
leurs concitoyens ; et voilà ce qui fit de lui un
général.

Certes, ce ne fut pas le desir de se faire ce que
nous appelons une carrière par les armes, qui
entraîna M. de la Fayette à la défense des Amé-
ricains ; il allait trouver un peuple chez qui la
profession de guerrier devait finir avec la guerre ;
il s'engageait dans des expéditions, d'où il ne

pouvait rapporter ni butin , ni grades , ni cor-
dons , et où le prix de la victoire devait être le
même pour le plus brave et pour le plus timide :
une vie libre dans le travail. Avec l'ambition
d'*avancer*, ce n'est pas à l'Amérique, c'est à ses
ennemis, c'est au ministère anglais, qu'il eût
porté ses services.

Bien plus , par son départ en 1777 , il signait
sciemment son exclusion de toute dignité , de
toute place en France ; il se fermait sa patrie.
Le traité d'Amitié et de Commerce n'existait
pas. Le *Roi* pouvait se faire l'ennemi des hommes
qu'il allait servir.

En quelque coin reculé du monde que se fût
levée cette liberté pure et paisible , la vraie liberté moderne qu'il avait devinée , là il eût
vu ses amis, sa fortune ; là il eût volé comme
un frère qui va rejoindre ses frères , non comme
un soldat qui se vend où l'on veut le payer. Cet
amour de l'indépendance pour elle - même , cet
amour des hommes indépendans , plus puissant
sur lui que toutes les habitudes , l'eût retenu loin
de la France, si bientôt la liberté n'y eût pas été
invoquée.

Au nom de la liberté , il redevint citoyen
français. Trouver dans sa contrée natale ce qu'il
avait cherché loin d'elle , c'était le plus cher de

ses vœux. Quand il fallut combattre, il fut mis,
comme en Amérique, à la tête des hommes qui
voulaient être libres, plus empressé à leur donner
des exemples que des ordres.

Mais nous étions trop nouveaux pour l'indépendance ; nous la voulions sans la connaître.
Nous crûmes que tout serait fait si les barrières
du gouvernement étaient brisées, et si chacun
y avait une entrée. En poursuivant la liberté,
nous nous précipitions dans le pouvoir. Comme
un homme d'un esprit sain au milieu de frénéti-
ques, est accusé par eux de la maladie qui les
obsède, M. *de la Fayette* fut condamné par les
révolutionnaires qui ne le comprenaient point ;
il s'exila. L'administration se reforma bientôt
avec tout son vieil attirail ; les places, les grades,
les commandemens furent au concours. M. de
la Fayette ne commanda point ; il resta citoyen.
Fidèle aux mœurs de la liberté, il cultivait ses
champs comme Washington, et pratiquait en
silence les véritables vertus civiles, la simplicité
et l'industrie.

Qu'on se représente M. de la Fayette au com-
mencement de la révolution, seul, fuyant l'autorité, au milieu d'hommes qui se jouaient avec
elle comme avec une arme inconnue échappée
des mains de l'ennemi ; qu'on le voie, homme de

la civilisation, parmi des sectateurs aveugles de l'esprit et des coutumes antiques ; ami de l'indépendance laborieuse , parmi les apôtres de l'oisiveté et de la gloire du pillage ; Américain parmi des Spartiates ; et l'on comprendra que ces temps n'étaient pas faits pour lui , qu'il y était hors de sa place. Si les hommes de cette époque ont fini leur rôle , il n'a pas commencé le sien. Chacun de nous veut-il maintenant subsister de ses propres moyens , et non aux dépens de tous les autres? Voulons-nous chercher nos jouissances en nous-mêmes, dans le contentement de nos besoins et dans l'aisance, et non pas hors de nous, dans l'orgueil de dominer ? Voulons-nous qu'il n'y ait pas un homme entre nous qui ne puisse lever le front contre tout homme gouvernant sans que celui-ci ait à répondre : mais vous vivez de ces impôts , de cette loi, de ces abus ? Voulons-nous franchement être libres ? M. de la Fayette nous appartient.

La Nation industrieuse trouvera en lui un défenseur et un exemple. On le verra tel qu'il est, non point tel qu'il a paru dans quelques scènes de la révolution , obligé de se masquer pour être populaire, et de feindre des mœurs qui n'étaient point les siennes pour ne pas paraître étranger. Rendu à lui-même, il se montrera ce que tout citoyen devrait être, favorable à l'administration tant qu'elle se contient dans ses limites, inflexible dans son opposition, si elle va plus loin que les besoins; ami ardent de tout citoyen utile, ennemi déclaré de quiconque répudierait l'industrie et la liberté, pour contenter au détriment de la liberté et de l'existence d'autrui, son ambition et son avarice.

A côté de cet homme qui n'a jamais été le valet ni le maître de personne, l'auteur de la liste inscrit des gouverneurs de provinces conquises. Pense-t-il donc que MM. *de St-Cyr*, *de Thiard, et Donzelot*, lui sauront gré de les montrer aux yeux des électeurs de France dans des fonctions qu'ils désavouent sans doute, et avec des dignités dont ils voudraient n'avoir point été déshonorés ? Qu'est-ce qu'un citoyen français, vice-roi en Saxe ou en Espagne ? Et de quel front un homme viendrait-il se faire un droit de pareils titres à la face de la Nation rassemblant ses représentans? « Vous avez plié sous l'arbitraire, » lui dirait-on, et vous avez fait plier des » hommes sous l'arbitraire ; c'est pour nous un » double motif de nous tenir en garde contre » vous. Votre domination n'était point trop » dure, vous aviez la main légère; que nous » importe cela ? Nous n'avons pas des députés

» pour être frappés doucement. Et d'ailleurs,
» faut-il un si rare mérite pour être trouvé sup-
» portable par des gens qui s'attendent à tout
» souffrir de vous, et qui se regardent comme
» une proie de guerre ? »

Pour nous, si nous voulions présenter des candidats à MM. les électeurs de Paris, nous ne leur offririons pas des noms rangés au hasard, et nous ferions ressortir l'importance de chaque homme par sa classe, et l'importance de chaque classe par les besoins présens, et les principes nécessaires.

Au premier rang, et à part, seraient les hommes industrieux qui se sont déjà signalés dans les fonctions de représentans, comme MM. *de la Fayette, Lafitte, Le-Voyer-d'Argenson;* puis ceux qui, par des écrits publiés, ont donné d'avance une sorte de garantie de leur conduite, comme MM. *Casimir-Perier, Basterrèche, Vital-Roux;* puis enfin ceux qui n'ont pu donner des preuves de leur bon esprit et de leurs lumières que dans les transactions sociales : MM. *Scipion-Périer, de Ternaux, Delessert, Ferrey, Gros-d'Avilliers,* et d'autres encore.

Nous proposerions, en outre, des savans dans la théorie de l'industrie, occupés en même

temps à des travaux d'industrie pratique ;
M. *Say*, M. *de Lasteyrie*, M. *Chaptal* qui ou-
blierait qu'il a été ministre, et à qui l'on par-
donnerait ce titre, en faveur de ses manufactures
et de la société d'encouragement.

Enfin, s'il y avait un vide à remplir, ou si
les électeurs trouvaient bon de joindre à la députation un *talent de tribune* qui servît d'organe
aux intérêts sentis, nous conseillerions de choisir entre MM. *Manuel* et *Tripier*. Pourvu
que celui des deux qui serait élu, comprît bien,
par la profession et le caractère de ses collègues,
quels sont les intérêts qu'il doit faire valoir,
quelle est la raison dont son éloquence doit être
l'instrument, et qu'on ne l'a pas mis à ce
poste pour briller, mais pour être utile.

www.ingramcontent.com/pod-product-compliance
Lightning Source LLC
LaVergne TN
LVHW022133080426
835511LV00007B/1120